La choza de los zorrillos

Ciro Bello
ilustrado por Valeria Cis

Esta es la familia Zorrillo.
Su choza es muy bonita.

Yo reparo mi zapato.
¡Lo hago solito!

Yo barro la terraza.
Lo hago en la mañana.

Yo hago el desayuno.
Es para todos.

Esta noche comemos calabaza.
¡Yo la hago a la parrilla!

Yo hago la comida de
la lechuza.
¡Qué rápido come!

Todos ayudan.
¡Por eso su choza se ve muy bonita!